BEI GRIN MACHT SICH IHR WISSEN BEZAHLT

- Wir veröffentlichen Ihre Hausarbeit, Bachelor- und Masterarbeit

- Ihr eigenes eBook und Buch - weltweit in allen wichtigen Shops

- Verdienen Sie an jedem Verkauf

Jetzt bei www.GRIN.com hochladen und kostenlos publizieren

Bibliografische Information der Deutschen Nationalbibliothek:

Die Deutsche Bibliothek verzeichnet diese Publikation in der Deutschen National-bibliografie; detaillierte bibliografische Daten sind im Internet über http://dnb.d-nb.de/ abrufbar.

Impressum:

Copyright © 2013 GRIN Verlag, Open Publishing GmbH
Druck und Bindung: Books on Demand GmbH, Norderstedt Germany
ISBN: 9783668288034

Dieses Buch bei GRIN:

http://www.grin.com/de/e-book/263009/nlp-bedeutung-und-kerntechniken-des-neurolinguistischen-programmieren

Jennifer Giese

NLP. Bedeutung und Kerntechniken des Neurolinguistischen Programmieren

GRIN Verlag

Hochschule für angewandtes Management in Erding

Fachbereich Wirtschaftspsychologie

Sommersemester 2013

Teilmodul: Kommunikation

Neurolinguistisches Programmieren (NLP)

Vorgelegt von

Jennifer Giese

2. Semester

Tag der Einreichung:

14.08.13

NLP – Neurolinguistisches Programmieren

Inhaltsverzeichnis   **Seite**

1. Einleitung

Ich versuchte vor ein paar Jahren alles um ein paar Pfunde zu verlieren – Weight Watchers, Kalorien zählen, nur Wasser trinken, FDH – alles! Aber nie konnte ich mehr als ein paar Kilos abnehmen und gut ging es mir nicht dabei. Auf meiner damaligen Arbeitsstelle wurde das natürlich auch gesehen und ich wurde auch angesprochen auf meine schlechte Laune. Ich verlor immer schnell den Mut und ging schnell in den normalen Alltag über. Nach einigen Versuchen fragte mich meine damalige Chefin, was ich denn alles versucht habe und welche Erfolge ich erzielte, sie fragte mich ganz gezielt Dinge, die mich zum Nachdenken brachten und ich kam nach einigen Gesprächen mit ihr zu deutlichen Erfolgen. Meine Chefin war NLP-Trainerin und schnell hinterfragte ich NLP. Ich informierte mich über diese Methodik, welche Hintergründe hatten meine Erfolge und warum war es auf einmal so einfach meine Ziele zu erreichen? Ich bekam von meiner Vorgesetzten viel Informationsmaterial und meine Denkweise änderte sich in vielerlei Hinsicht. Ich möchte deswegen heut gern diese Studienarbeit darüber schreiben, um kurz und prägnant die Vorteile von NLP zu verdeutlichen, welche Möglichkeiten man hat und was man selbst und in der Beziehung mit anderen erreichen kann.

2. Geschichte und Begriffserklärung

Die Geschichte des NLP begann Anfang der 70er Jahre mit dem jungen Professor für Linguistik, John Grinder, und dem Informatikstudenten Richard Bandler. Sie starteten ein wissenschaftliches Projekt, in dem sie der Frage nachgingen: Warum können einige Menschen auch in schwierigen Situationen Vertrauen und Kontakt zu anderen Menschen aufbauen und manche nicht? [1]

Zu Beginn des Projektes lernten beide sehr eifrig voneinander und entwickelten dadurch die Grundlage für das Modeling-Konzept, welches sich durch das Bilden und Nutzen von Modellen zum Erlernen von Verhaltensweisen auszeichnete. Nach dieser ersten Phase begannen sie andere Menschen und Situationen zu beobachten und durch verschiedene Rückprüfungen entstanden immer weitere Details dieses Modells. In der letzten Phase versuchten sie das entwickelte Modell an Dritte weiter zu transportieren, die nicht an der Entstehung beteiligt waren, um zu sehen, welche Möglichkeiten es gibt solch ein System zu erlernen.

---

[1] vgl. hierzu Birker 1997, S. 11

Für diese Transportzwecke analysierten sie erfolgreiche Kommunikatoren, wie z.b. Virginia Satir, Milton Erickson und Fritz Pearls. Diese Analyse brachte sie zu dem wichtigen grundlegenden Ergebnis, dass das Eingehen auf den Gesprächspartner wichtiger als die Sachaussage war und die Methodik war entstanden: es wurden Abläufe einer wirkungsvollen Kommunikation erkannt und in verschiedene Modelle übertragen, damit auch Dritte dieses Verhalten lernen konnten – sie nannten diese Methode: Neurolinguistisches Programmieren, kurz NLP.[2]

Die 3 Wortbestandteile verdeutlichen dieses: *Neuro* steht für die besondere Verbindung zu unseren Sinnen – wahrgenommene Signale werden im Gehirn aufgenommen und gespeichert und sind dann abrufbar, sie formen unser Verhalten und unser Weltbild. *Linguistik* steht für die Bedeutung der Sprache – sie spiegelt die Art des Denkens wider und ist der Schlüssel zu unseren inneren Vorgängen. Das Wort *Programmieren* verdeutlicht die Verbindung zur Informatik, die wir im NLP stets wiederfinden. Unser Verhalten ist durch Programme gesteuert und einmal installierte Programme können stets geändert oder ergänzt werden.[3]

NLP beschäftigt sich also mit der menschlichen Subjektivität und versucht diese in Bezug zur Realität zu setzen. Mit der Erkenntnis des NLP kann jeder Einzelne einen Zugang zu ziel- und lösungsorientierten Veränderungen erlangen und durch die richtige Anwendung der Techniken seine Umwelt besser wahrnehmen, verstehen wie andere denken und fühlen, besser kommunizieren und somit schwere Situationen auch meistern.

3. Zweck und Bedeutung des NLP

3.1. Möglichkeiten der Verbesserung der Kommunikation

„Kommunikation bezeichnet den Austausch von Informationen zwischen zwei oder mehreren Personen, wobei die Mitteilung sprachlich (verbal) oder/und nichtsprachlich (nonverbal) erfolgen kann."[4] Die Basis der zwischenmenschlichen Beziehungen ist die Kommunikation und ca. 55% unserer Kommunikation läuft allein über die nonverbalen Zeichen. Genau hier setzt NLP an: Die Wahrnehmung spielt eine zentrale Rolle im NLP. Wir nehmen mit Hilfe unserer 5 Sinne unsere Umwelt wahr: sehen, hören, fühlen, riechen und schmecken und unsere Wahrnehmung bestimmt, welche Informationen wir aufnehmen und welche Informationen im Gedächtnis gespeichert werden.

---

2 vgl. hierzu Birker 1997, S. 12

3 vgl. hierzu Birker 1997, S. 13 f.

4 Köck & Ott 1994, S. 213

Die Wahrnehmung ist von Person zu Person unterschiedlich und somit hat jeder individuell sein eigenes Weltbild, welches sich in der Kommunikation stets ausdrückt. NLP gibt einen Werkzeugkoffer, um genau diese Wahrnehmung von anderen Individuen zu verstehen und somit eine effizientere Kommunikation durch ein besseres Verständnis des Gesprächspartners zu fördern. NLP lehrt Kommunikationsprozesse besser zu verstehen und seine eigenen Ressourcen besser zu nutzen und seine Ziele wirksamer zu erreichen durch das Bewusstmachen bisher unbekannter Fähigkeiten. Durch das Erlernen von Konfliktlösungen in einer Streitsituation wird die Teamarbeit verbessert, Hinweise werden besser erkannt im Umgang mit Gesprächspartnern und die Interaktionen können somit besser abgestimmt werden und nonverbale Botschaften besser angelegt werden. Fragetechniken werden dargestellt, um die eigenen Gesprächsintentionen näher zu bringen und NLP zeigt auf, wie wir unsere Sprache besser gebrauchen können.[5] Durch den sicheren Gebrauch von NLP kann die Kommunikation somit um ein vielfaches verbessert und ausgeweitet werden und erlangt neue Maßstäbe.

3.2. Anwendungsgebiete

War das entstandene Modell ursprünglich für psychotherapeutische Zwecke gedacht, breitete es sich jedoch rasch in verschiedene Bereiche aus. NLP erlaubt es, Strukturen und Verhaltensmuster mit unterschiedlichen Inhalten zu füllen und somit wurde die Methodik in allen Bereichen der Kommunikation, der Konfliktbearbeitung, der Beratung, der Organisationsentwicklung, des Verkaufs und weiteren genutzt.[6]

Im Gesundheitswesen beispielsweise hängt der Erfolg einer Behandlung heutzutage neben den fachlichen Fähigkeiten stärker von dem Einsatz der Helfer und der Kommunikation mit den Patienten ab, durch bestimmte Methoden kann eine harmonische und kooperativere Beziehung zu den Patienten aufgebaut werden. In der Wirtschaft wird NLP als Werkzeug für Führungskräfte genutzt, um spezielle Fertigkeiten zu erlangen mit Menschen umzugehen, die die Welt anders sehen als man selbst. Durch Phobie-Techniken können im Bereich der Psychotherapie tiefsitzende Ängste erfolgreich gelöst werden und in der Erziehung eines Kindes kann durch aufmerksames Zuhören und Beobachten ein effektiveres Lernen erreicht werden durch die folglich bessere Unterstützung.

---

5 vgl. hierzu Simon, Walter 2004, S. 81

6 vgl. hierzu Birker 1997, S. 14 f.

Auch im Bereich des Gerichtswesens kann durch die verfeinerte Wahrnehmung von nonverbalen und verbalen Elementen eine bessere Lösung von Konfliktsituationen herbeigeführt werden. Wir finden noch viele weitere Bereiche, in der die Methoden von NLP erfolgreich genutzt werden können, z.b. im Unterricht, in der Beratung, im Coaching oder in der Persönlichkeitsentwicklung.[7]

4. Kerntechniken und Schlüsselbegriffe

4.1. Zugangshinweise

Im NLP nutzt man für den Aufbau des Kontakts und das Verständnis des Gegenübers Zugangshinweise zu seinem Repräsentationssystem. Durch das Repräsentationssystem des Gesprächspartners kann erkannt werden, über welche Sinneswahrnehmungen Informationen aufgenommen und Erfahrungen abgerufen werden.

In dieser Methodik bezeichnet man das menschliche Sinnessystem mit dem Kürzel V.A.K.O. *V* steht für visuell (sehen), *A* für auditiv (hören), *K* für kinästhetisch (fühlen) und *O* für olfaktorisch-gustatorisch (riechen und schmecken). Dieses Kürzel „ist der knappe und prägnante Ausdruck für den gesamten Ablauf umfassender Nachfrage und Wahrnehmung."[8]

Man versucht durch verschiedene Zugangshinweise Rückschlüsse auf das System des Gesprächspartners zu ziehen, um genau diesen Kanal auch zu nutzen, um die Kommunikation so effektiver zu gestalten. Man betrachtet dazu die Augenmuster und das Sprachverhalten. Bandler und Grinder fanden heraus, dass die Augenstellung Hinweise darauf gibt, welche inneren Prozesse ablaufen und durch welche Sinneswahrnehmungen die dabei verwendeten Informationen geprägt sind. Sie unterschieden 6 Augenstellungen:

- Augen oben rechts: innere Bilder werden aus Gedächtnis abgerufen
- Augen oben links: Konstruktion von Bildern
- Augen Mitte rechts: Erinnerung an Töne
- Augen Mitte links: Konstruktion von Tönen
- Augen unten rechts: Mensch befindet sich im inneren Dialog
- Augen unten links: gefühlsmäßiges Erleben einer Szene[9]

---

[7] vgl. hierzu DVNLP e.V. 2009, S. 11-15

[8] Birker 1997, S. 43

[9] vgl. hierzu Birker 1997, S. 46-48

Neben den Augenbewegungen achtet der geschulte NLP-Nutzer auch auf das Sprachverhalten, um zu sehen in welcher Symbolik gerade gedacht wird und daraufhin das eigene Sprachverhalten anzupassen und auf dem Kanal zu senden, auf dem der andere gerade empfangsbereit ist.

Der visuelle Kanal wird häufig geprägt durch Wörter wie sehen, schauen, blicken oder beobachten; typische Ausdrucksweisen sind: den Durchblick gewinnen, das passt ins Bild oder es fehlen die Konturen. Der auditive Kanal ist eher durch Wörter wie sprechen, sagen, fragen oder schweigen geprägt und der Kommunikator verwendet Ausdrücke wie: im Einklang stehen, es kracht oder das Gras wachsen hören. Formulierungen wie z.b.: es wird warm ums Herz, weiche Knie oder es berührt mich, weisen auf den kinästhetischen Kanal hin. Der letzte Kanal, der olfaktorisch-gustatorische, wird durch Wörter wie riechen, duften oder stinken geprägt und man findet die Ausdrücke: die Nase vorn haben, den richtigen Riecher haben oder die Luft ist rein.[10]

Durch diese Hinweise lassen sich die Gesprächspartner in unterschiedliche Wahrnehmungstypen einordnen und die Kommunikation kann effektiver gestaltet werden.

4.2. Rapport

„Rapport ist der Begriff für eine tragfähige Beziehung zwischen interagierenden Menschen, die durch gegenseitige Achtung und Vertrauen gekennzeichnet ist. ... Rapport haben heißt, den Kontakt zum anderen gefunden zu haben."[11] Rapport erreicht man durch die Anpassung der eigenen Körperhaltung, der Stimmlage und der Wortwahl an den Gesprächspartner. Im NLP wird der Rapport oft mit einem Tanz verglichen – man muss sich auf den Partner einstellen und ihn dafür beobachten und wahrnehmen. Gelingt dies, dann sind die Bewegungen leicht und flüssig. Manchmal klappt dies sofort z.B. bei langjährigen Freunden oder aber es braucht ein wenig Übung und Zeit, um den richtigen Draht zueinander zu finden. Grundlegend ist die Wertschätzung und Achtung des Anderen wichtig um einen guten Rapport zu erhalten.

---

[10] vgl. hierzu Birker 1997, S. 50 f.

[11] Birker 1997, S. 76

4.3. Pacing

Pacing ist der Weg zum Rapport, also der Aufbau einer positiven Beziehung. Beim Pacing geht es darum, genau zu beobachten und die Zugangshinweise zu analysieren und festzustellen, um sich dann auch darauf einzulassen, sein eigenes Verhalten anzupassen. Derjenige, der paced, übernimmt die Verantwortung für die laufende Gesprächsatmosphäre. Es gibt 2 Arten des Angleichens: das verbale Angleichen, welches sich auf die Wortwahl und Vergleiche des Gesprächspartners bezieht und das non-verbale Angleichen, welches sich auf alles neben dem gesprochen Wort bezieht, also die Körperhaltung, Mimik und Bewegungen des Partners.[12]

4.4. Leading

Leading bezeichnet das Führen des Gesprächspartners, dabei geht es um das Wohlfühlen und die positive Atmosphäre um die gewünschte Richtung des Gesprächs einzuschlagen. „Ein konstruktives Leading setzt also ein erfolgreiches Pacing voraus. Erst wenn der Rapport geschaffen ist, kann mit dem Leading begonnen werden."[13] Durch das Angleichen z.b. der Stimme oder der Körperhaltung können wir den Partner mitnehmen und er folgt. Im Leading benutzt man spezielle Fragetechniken um den Denkvorgang des Partners zu lenken. Zudem erweckt man durch Fragen Interesse und Sympathie und zeigt, dass man aufmerksam zuhört.

4.5. Reframing

Reframing hat einen hohen Stellenwert im NLP, weil es die Flexibilität erhöht. Wir Menschen weisen unseren Erfahrungen eigene Werte hinzu (= Fraiming) und deshalb empfinden wir manches als negativ oder problematisch. Wenn wir aus diesem Rahmen aber ausweichen und neue Sichtweisen zulassen, dann ergeben sich neue Möglichkeiten und neue Bedeutungen, die wir vorher evtl. nicht zugelassen oder gesehen haben. Genau darum geht es im Reframing, um das Umdeuten, einen neuen Rahmen schaffen, Dinge in einem anderen Licht sehen und neue Kontexte erkennen und dadurch Ziele erreichen können und eine andere Wahrnehmung zu schaffen.[14]

---

[12] Birker 1997 S. 78

[13] Birker 1997, S. 80

[14] vgl. hierzu Birker 1997, S. 118

4.6. Ankern

Wenn man mit einem bestimmten Reiz ein Erlebnis verbindet, so nennt man dies einen Anker im NLP. Wenn wir etwas erleben, dann nehmen wir das mit all unseren Sinnen auf und speichern es ab, wird einer dieser Sinne wieder gereizt, egal welcher, dann vergegenwärtigen wir uns die damals erlebte Erfahrung wieder. Wenn wir z.b. eine romantische Situation erlebt haben, wird das Gefühl an diese Situation evtl. durch eine ruhige Musik wieder hervorgehoben oder jemand verbindet eine traurige Situation mit einem Namen. Das Ankern beschreibt somit ein Reiz-Reaktions-Schema: äußere Reize lösen eine körperliche Reaktion aus. Im NLP wird das Ankern benutzt um absichtlich einen externen Reiz mit einer bestehenden Erfahrung zu verknüpfen. Ein Anker kann auf allen Sinnessystemen eingesetzt werden. Man beschreibt visuelle Anker (Gesten oder Gesichtsausdrücke), auditive (Tempo oder markante Wörter) oder kinästhetische (Berührungen). Wichtig ist bei der Anwendung von Ankern die präzise Wahrnehmung vorher, um keinen Reiz als Anker zu benutzen, der evtl. schon anders belegt ist bei der Person und somit ein anderes Erlebnis auslöst.[15]

4.7. Ressourcen

Der Begriff bezieht sich auf die eigenen Fertigkeiten und Fähigkeiten, die jeder einzelne besitzt. Im NLP geht es genau um diese inneren Kräfte, sie zu aktivieren und dann gezielt einzusetzen, denn oft besitzen wir zwar das Potenzial, sind aber blockiert und müssen erst einen Zugang zu den Ressourcen finden.

Ein besonders ressourcenvoller Zustand ist der Moment of Excellence, der Zustand in dem uns alles gelingt, wir sehr positiv denken und sehr zielorientiert handeln. Im NLP wird versucht, genau diesen Moment durch unterschiedliche Anker festzusetzen und in negativen Situationen durch die jeweils gesetzten Anker hervorzurufen, um die inneren Kräfte zu nutzen, ein Problem zu lösen und Motivation zu erlangen.[16]

---

[15] O'Connor, Seymour 2005 S.99 ff.

[16] Birker 1997, S. 111 ff.

5. Chancen und Risiken

Die Chancen im NLP werden gerade in den Grundannahmen dieser Methode verdeutlicht.

1. „Menschen orientieren sich in der Welt nach ihrer individuellen mentalen Landkarte von der Welt." – Alle Menschen haben ihre eigene subjektive Realität und reagieren auch auf diese, durch NLP werden wir feinfühliger, nehmen präziser wahr und können damit auch auf die Realitäten der anderen eingehen, wir entdecken neue Möglichkeiten.

2. „Die beste Karte ist diejenige, die am meisten Wege zeigt." – NLP hilft neue Wege und Möglichkeiten zu entdecken und Alternativen zu nutzen und unsere innere Landkarte zu erweitern.

3. „Jedem Verhalten liegt eine positive Absicht zugrunde." – Jedes Verhalten bezweckt im Leben eine positive Funktion, unabhängig von möglichen negativen Nebenwirkungen. NLP gibt Werkzeuge um die positiven Funktionen einer Handlung zu entdecken.

4. „Jede Erfahrung hat eine Struktur." – Alle Erlebnisse die wir im Gehirn abspeichern sind durch die sinnlichen Wahrnehmungen entstanden und wenn uns dies bewusst ist, dann kann die Gesamtwirkung einer Erfahrung durch die Änderung eines Sinnes völlig neuartig wirken. NLP gibt also die Chance angenehme Erinnerungen zu intensivieren oder neue Erfahrungen angenehm zu machen.

5. „Für jedes Problem gibt es eine Lösung." – NLP versucht jedes Problem zu lösen und die inneren Kräfte, also unsere Ressourcen die wir besitzen, zu aktivieren, die für die jeweilige Situation benötigt werden.

6. „Jeder Mensch verfügt über alle Kräfte, die er braucht." – Diese Grundannahme ist eine Erweiterung der vorherigen. Wir benötigen Selbstvertrauen in uns und unsere Kräfte und NLP hilft uns dieses zu erlangen, unsere Möglichkeiten zu entdecken und auch zu nutzen.

7. „Körper und Geist sind Teile eines Systems." – NLP zeigt auf, dass der Körper und der Geist immer eine Einheit bilden und stets zusammenwirken. Das Bewußtsein dafür soll ermöglichen, dass man durch die Veränderung von Denkmustern auch körperliche Probleme verändert ebenso wie man durch Kontrolle von körperlichen Parametern Gefühle und Gedanken positiv beeinflussen kann.

8. „Die Bedeutung jeder Kommunikation liegt in Ihrem Ergebnis." - Menschen kommunizieren, um von dem Gegenüber eine bestimmte Reaktion zu erhalten. Bleibt diese jedoch aus, so ist die eigentlich gewollt gesendete Botschaft nicht angekommen. NLP gibt die Chance darauf nicht negativ zu reagieren, sondern das eigene Verhalten zu ändern, um die Botschaft sinnvoll zu übermitteln.

9. „Es gibt kein Scheitern, sondern nur Rückmeldungen." – Wir sollten jedes Ergebnis als Feedback nutzen und uns nicht negativ beeinflussen lassen. Wenn wir das Ergebnis positiv auswerten und unser Verhalten daraufhin ändern, können wir effektiver vorgehen und somit zum Erfolg kommen.

10. „Wenn etwas nicht funktioniert, versuche etwas anderes." – NLP hilft Flexibilität zu unterstützen. Wenn Menschen flexibel sind, dann können sie aus jeder Situation eine wertvolle Information erhalten und somit ineffektive Verhaltensweisen ändern und optimieren um ihre eigenen Ziele zu erreichen.[17]

NLP bietet viele Chancen für jeden individuelle. Es hilft das eigene Vertrauen zu stärken, die Kommunikation effektiver zu gestalten und erfolgreicher in allen Lebenslagen zu sein sowie eine positive Grundhaltung zu erlangen.

Risiken sehe ich darin, die Methoden nicht genau zu kennen und daraufhin falsch anzuwenden. Wenn ich z.B. durch Unkenntnis einen falschen Anker bei jemandem setze, kann ich negative Erlebnisse hervorrufen oder Situationen hervorrufen, die einen negativen Effekt haben. Im NLP ist es wichtig, die Details der einzelnen Methoden zu kennen und richtig anzuwenden, um nicht genau das Gegenteil im Verhalten einer Person zu erwirken.

---

[17] vgl. hierzu Schweppe, Schwarz 2009, S. 12

6. Schluss: Die Lösung meines Problems

Wie in der Einleitung beschrieben, hatte ich schlechte Erfolge mit meinen Diäten und durch NLP gelang es mir doch die Kilos abzulegen. Doch wie genau hatte es funktioniert? Nach der Beschreibung und den positiven Aspekten von NLP möchte ich hier nochmal die genaue Technik beschreiben, die mir half, mein Ziel zu erreichen, mit einer erfolgreichen NLP-Trainerin an meiner Seite. Meine Chefin stellte mir damals einfache Fragen: Traust du es dir selbst zu, abzunehmen? Ist dir der Weg dorthin bewusst? Welches konkrete Ziel hast du dir vorgenommen? Wann weißt du, dass du das Ziel erreicht hast? Es waren einige Fragen, die mich zum Nachdenken brachten und genau darum geht es im NLP – bewußt wahrnehmen und offener durch die Welt gehen, innere Kräfte mobilisieren und viel bewusster Wege einzuschlagen. NLP gibt zum Ziel erreichen 5 Schritte an:

1. Ziel positiv formulieren
2. Ziel spezifizieren
3. Ziel muss selbst erreichbar sein
4. Ist das Ziel ökologisch?
5. Ziel muss motivieren[18]

Genau nach dieser Methodik befasste ich mich mit meinem Abnehm-Problem und mit dem richtigen Trainer an meiner Seite waren in kurzer Zeit schon 5 Kilo weniger auf der Waage zu sehen. NLP schafft es, Menschen zu motivieren und ihnen Werkzeuge in die Hand zu geben, mit denen sie erfolgreicher sein können, mit denen sie neue Wege erschaffen und selbstsicherer durch ihr Leben gehen können – ganz sicher aber nur mit allen nötigen Informationen und einem guten Trainer an der Seite.

---

[18] vgl. hierzu O'Connor, Seymour 2005, S. 36 ff.

Literaturverzeichnis

Birker, Gabriele und Klaus: Was ist NLP? Grundlagen und Begriffe des Neuro-Linguistischen Programmierens. Reinbek bei Hamburg: Rowohlt Taschenbuch, 1997

Deutscher Verbund für Neuro-Linguistisches Programmieren e.V. – DVNLP e.V. Denkweisen – der offizielle NLP-Guide. 4. Auflage. Berlin, 2009

Köck, P. & Ott, H.: Wörterbuch für Erziehung und Unterricht. Donauwörth: Verlag Ludwig Auer, 1994

O'Connor, Joseph, Seymour, John: Neurolinguistisches Programmieren: Gelungene Kommunikation und persönliche Entfaltung. 15. Auflage. Kirchzarten: VAK Verlags GmbH, 2005

Schweppe, Ronald A., Schwarz, Aljoscha A.:   NLP Praxis, Neurolinguistisches Programmieren – die besten Techniken und Übungen für die optimale Kommunikation. München: Südwest Verlag, 2009

Simon, Walter: Gabals großer Methodenkoffer. Grundlagen der Kommunikation. Offenbach: Gabal Verlag, 2004